DE AMOR,
DESAMOR
Y OTRAS
CHINGADERAS

DE AMOR,

DESAMOR

Y OTRAS

CHINGADERAS

UNOS & OTROS
EDICIONES

THELMA G. DELGADO

Library of Congress Control Number: 2016944722

Copyright © 2016 Thelma Delgado.

Título: De amor, desamor y otras chingaderas

Autor: Thelma Delgado

Maquetación y Portada: Armando Nuviola

Edición: Miguel Sabater Reyes

ISBN-13: 978-0692508428

ISBN-10: 0692508422

Made in USA, 2016

UNOS & OTROS

EDICIONES

infoeditorialunosotros@gmail.com

www.unosotrosculturalproject.com

delgadogarciainc@aol.com

Al amor.
A los amantes,
quienes nos hemos dejado tocar por él.

Muchos hemos reído con él, lo hemos hecho nuestro amigo; otros hemos llorado por su causa, y hasta lo hemos maldecido; pero en mayor o menor grado lo hemos experimentado, por lo menos una vez en la vida: Amor.

En esta vida me han dicho: bonita, fea, gorda, flaca, trabajadora, cobarde, valiente, soñadora, determinada, inconstante, miedosa, mula, feminista, machista, débil, fuerte, creativa, regona, esposa, amiga, amante...

El único calificativo que conservo y conservaré siempre será el de Mujer.

ÍNDICE

CHINGADERAS

PRÓLOGO

Si el humano por necesidad siente el peso de la condena por *ser libre* es porque primero ha sido arrojado al mundo con la intención de convertirlo en amor. No es amar lo que *pide* la existencia al hombre, sino *ser amor*, una presencia en sí mismo. Shel Silverstein ha escrito una hermosa parábola, *El árbol generoso*, que ilustra acertadamente en que consiste la ontología del amor.

Tal y como el árbol majestuoso brinda su amor sin pedir nada a cambio, también sufre el *amor*, el *desamor* y muchas otras *tontadas*. Al árbol no le importa fracasar. La inocencia del árbol es tan inmensa, tan pura, que por el *amor* se presta dispuesto a desaparecer. Silverstein narra la historia del encuentro entre el *amor* y el *usufructo*, dar y recibir. Entre el árbol y el niño se produce una relación durante la cual el amor se reduce a un simple *tocón* para descansar. El niño recolecta los frutos y descansa bajo la sombra del árbol; corta las ramas y fabricar su casa; tala el tronco y construye una barca.

Thelma G. Delgado ha escrito un libro inspirada en el espíritu del amor, en la generosidad del altruismo. *De amor, desamor y otras chingaderas* cuenta la historia de los desafíos que la existencia impone al hombre sobre cuál es el sentido de la vida. Un *pathos* cada vez más amenazado por el estupor y la desconfianza en una sociedad que se revela dominada por el trabajo y el dinero. Pocos están dispuestos a dar y la mayoría se disponen a recibir.

La narrativa del libro de Thelma siente la necesidad de comunicarnos la historia en prosa poética, un lindo gesto que se le agradece. No podría existir otra forma del lenguaje para contarnos la vida de un *naufragio* de manera metafórica haciendo hincapié en la grandeza del *amor*, cuyo habitad es un lugar invisible más allá de la simple relación sexual y social. Como aquel *tocón* que sirvió finalmente de descanso para el niño, el amor que Thelma profesa en esta obra se reduce también a una simple *presencia*.

No es que todo lo *bueno* en la vida tenga que ser reducido; es que todo lo *esencial* se reduce así mismo. Espero que disfruten los diálogos del *forastero*, que desanimado ante lo que ve en la tierra, está dispuesto a compartir su última morada.

Ángel Velázquez callejas

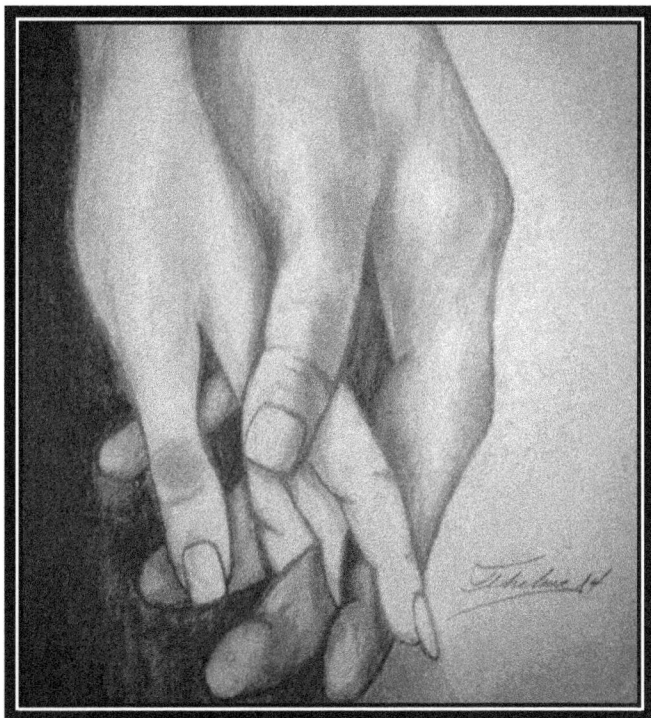

Si supieras lo mucho que me gustas no estarías leyendo estas líneas, estarías al lado mío escuchando el latir de mi corazón y yo, yo estaría murmurando en tu oído cosas que no puedo escribir porque el papel y la tinta se ruborizarían.

AMOR

LOLA

Llegaron al *Night Club* como lo hacían con frecuencia
los sábados, como a las once de la noche, todas ellas
alegres por naturaleza esperaban pasar un rato agra-
dable, escuchar música, platicar un poco de todo y
nada a la vez, y esperaban encontrar algún buen bai-
lador quien les hiciera olvidar el cansancio y el tedio
de la semana.

El baile era el mejor remedio para curar los males.
Los zapatos de tacón, pero cómodos no podían faltar
pues eran muy buenas bailadoras, y con su mejor per-
fume se acercaron a la barra y pidiendo una ronda
de *shots* de tequila, brindaron por el placer de ser
amigas y de estar reunidas todas. ¡Viva la vida y las
mujeres bellas! Gritaron al unísono. El lugar estaba
lleno, y las parejas bailaban al ritmo de la música de
salsa que tanto les gustaba a ellas, en especial a Lola,
quien no podía esperar el momento de lanzarse a la
pista. Desde su lugar se movía al compás de aquella
música, que parecía poseerla y tomando a sus amigas
de la mano, se fueron todas a bailar, el grupo de mu-

jeres se dejaron seducir por los ritmos tropicales y entre risas y sin inhibiciones disfrutaron aquel momento.

Desde el otro lado de la pista, estaba él, quien no se había perdido ni un solo movimiento de Lola. La había visto desde que llegó, admiró con tentación el escote pronunciado de su blusa negra, su sonrisa y ese pelo que se revolvía al compás de la música. Y sin pensarlo más se le acercó y la invitó a bailar. Ella aceptó y tomándola de la mano la condujo hacia la pista. A los primeros acordes, se colocaron en posición, ella puso su mano sobre el hombro de él, y el tomándola por la cintura pudo sentir su nerviosismo, el cual trataba de ocultar al estar en brazos de ese hombre trigueño tan varonil, tan alto y que la miraba con una expresión de admiración, y deseo. Bailaron como si lo hubieran hecho toda una vida; sus movimientos eran naturales y acompasados y sus cuerpos tan cadenciosos se movían al ritmo del *Aguanile* de Marc Anthony sin importar que la pista estuviera llena, ni el sudor que al poco ya mojaba sus ropas.

Él se extasiaba al sentir el cuerpo de ella moviéndose con tanta soltura entre sus brazos mientras ella disfrutaba al sentirlo tan cerca y sentir su olor, olor a macho, y la firmeza de sus carnes tan tentadoras. Los dos dejaron entonces volar su imaginación y a partir de ese instante toda la pista fue para ellos solos. Él le hizo el amor al ritmo de la música, la besó con pasión y ella con su sonrisa coqueta le devolvía los besos mientras le acariciaba el pecho y el pelo, y con picardía rozaba su abdomen contra el cuerpo de él. Fue un momento mágico para los dos. Pero la música paró y el encanto terminó abruptamente trayéndolos a la realidad. Sin embargo, al término de aquella canción sus cuerpos ya se conocían, ya se habían dicho lo mucho que se gustaban y aunque los bailadores no se habían dirigido la palabra, ya sospechaban lo que sus cuerpos se habían confesado; pero ellos mantuvieron su distancia tratando de dominar sus instintos. Las amigas que a distancia los observaban se reían entre si vaticinando un nuevo romance de Lola. La pareja bailó toda la noche y entre shots de tequila y las miradas pícaras de las amigas, todos pasaron una noche muy divertida.

Y así sucedió, se dejaron llevar por los deseos de sus cuerpos y con la misma cadencia del baile se identificaron en la cama...fue un tórrido romance que se convirtió en un hermoso amor que duró mucho más de lo que las amigas de Lola pensaban. El romance duró toda la vida.

A MI MANERA

Me gustas de muchas maneras...

Me gustas como me gusta el primer café del día, como se disfruta una tarde de verano y una noche estrellada.

Me gustas sin medida, sin reparos, sin complejos ni límites.

Me gustas con morbo, con picardía y sin censura.

Me gustas con travesura y con la alegría de una castañuela.

Y te disfruto como disfruto mi trago de tequila, como disfruta el aire cuando revuelve mi pelo, como la flor sedienta disfruta de la lluvia.

¿Y cómo te quiero?

Te quiero con la fuerza con que las olas se estrellan en el arrecife.

Con la ternura de la mirada de un niño.

Con la inteligencia de un juego de ajedrez.

Con la algarabía de un barco que regresa al puerto.

Con la sensualidad de un tango.

Con la devoción con que se venera a un santo.

Con la dulzura de un beso.
Con la testarudez de una mula.

Te quiero porque te quiero.
Te quiero a mi manera...
¡Te quiero por el puro placer de quererte!

PASIÓN

Y es que tú me gustas. El olor de tu piel me emborracha, ese olor a canela y miel, a bestia cabría, a sexo y a mar embravecido.

Y es que tú me gustas, tus rizos me hacen perder la cordura, tocarlos despacito con la punta de mis dedos, y suavecito y de a poquitos voy metiendo mis dedos en ellos mientras siento tu jadear en mi oído y el cabalgar de tu sangre. Y mi existencia completa se agolpa en mis venas, y se me moja la frente y las manos.

¡Y es que me gustas! Y te poseo como el mar posee a la arena y me derramo en ti y los dos nos hacemos uno.

Y después, esa dulce quietud del después, cuando las bestias se han apaciguado, mi desnuda alma busca tu pecho y tu abrigo; el tiempo pasa y trae consigo calma, un suspiro y un adiós.

CONTRADICCIÓN

Qué ganas de no quererte como te quiero.
Qué ganas de no sentirte como te siento.
Este fuego corriendo por mis venas me está quemando lentamente.
Fuego hecho de deseo y añoranza y al mismo tiempo de rabia y frustración.
Qué ganas de no sentirte como te siento.
Qué ganas de no pensarte como te pienso.
Esta situación me está matando de a poco, me está secando la vida, vida que sin ti ya no es vida.
Pero ¿Cómo? ...Como le hago... ¡Si negar tu presencia sería como negarme a mí misma!
Pretender que no pasa nada sería solo una tontería.
Matar tu recuerdo quiero, matar este dolor quiero.
Dolor de sentirte y no tenerte, de extrañarte y aborrecerte.
Pero ¿cómo sacarte de mí? Si tú y yo somos uno solo.

Hagamos un trato

¡Sangre! ¡Gotas de sangre fresca!!!...pero ¿de quién?

Su curiosidad la llevó a seguir la ruta de aquellas gotas hasta llegar a un naranjo, y en una rama lo encontró, quieto, parecía taciturno, dormido tal vez, pensativo tal vez. La quietud de él llamó poderosamente la atención de ella, ¡tan inquieta por naturaleza! Suavemente se fue acercando y entonces descubrió la razón de su quietud: ¡tenía una ala rota!, ¡él era el dueño de la sangre! ...sus patitas tenían enredado alambre, y fango pegado en las uñas... ¡No se podía mover!, tenía sangre vieja y sangre nueva, sangraba del ala derecha y tenía los ojos cerrados; sus ojos exudaban dolor y tristeza.

Ella sin preguntar nada, se le acercó y con mucho cuidado le fue quitando el alambre que se aferraba a su pata y también le limpió un poquito la sangre del ala. Él no dijo nada tampoco, no podía ni hablar, pero se dejó ayudar.

Con dulzura y devoción ella se dedicó a él, cuidó sus heridas y con amor casi maternal se encargó de su alimentación poniendo gotitas de agua en su pico y pedacitos de pan.

A los pocos días él abrió los ojos, ¡aún con la visión un poco nublada pudo percibir los colores y la amplia sonrisa de ella que al verlo abrir los ojos revoloteó contenta a su alrededor como muestra de su alegría! Y los dos sonrieron.

Con el paso de los días el ruiseñor se fue recuperando., ya podía mover su ala pues la herida ya estaba cicatrizando; su visión tenía más claridad y sus patas, libres de los alambres que las aprisionaban, estaban cada vez más fuertes.

Por su parte, la mariposa continuaba con sus cuidados hacia él, y así como curaba sus heridas, trató de curar su alma.

Todas las tardes se sentaba a su lado y juntos contemplaban el atardecer. Él le platicaba de las aventuras vividas en tiempos pasados y ella lo miraba extasiada al imaginarse los paisajes allá en lo alto del valle, paisajes que él le describía con detalle.

Ella le contaba del sabor único y exquisito que poseen las flores, el aroma del polen tan dulce. Ese aroma ella lo tenía impregnado en sus alas y al moverlas y revolotear alrededor de él, el ruiseñor se emborrachaba de placer.

Por las noches los dos disfrutaban del danzar de las luciérnagas, las cuales al verse admiradas bailaban complacidas de tener tan distinguido público.

Los días transcurrieron, ya el ruiseñor estaba curado de sus heridas y con destreza volaba alrededor del naranjo, mientras su plumaje brillaba con la refulgencia del sol.

Ella, satisfecha de verle tan recuperado, comprendió que su misión estaba cumplida. Al llegar la noche, bajo las estrellas le dijo:

—Estoy feliz de verte bien, de haberte ayudado; ahora es tiempo de partir, ya tú no me necesitas.

Él, al escuchar esas palabras se entristeció hasta las lágrimas. Él se había encariñado con ella y estaba feliz de tenerla a su lado, pero también sabía que las razones de ella eran válidas. Los dos permanecieron en silencio.

Con los primeros rayos del sol despertaron y en silencio permanecieron hasta que él con timidez le dijo:

—Te agradezco que hayas curado mis heridas, pero ahora tengo roto el corazón. Sé que esa herida me toca curarla a mí mismo. Hagamos un trato, hagamos del naranjo nuestro refugio donde podamos encontrarnos de vez en vez...moriría si no te vuelvo a ver.

Ella dudó por un momento y después le contestó

—El mismo destino que nos unió será el encargado de mostrarnos la ruta a seguir; vuela sin miedo y sin tristeza. Aunque tus ojos no me vieran nunca más; yo ya habito en tu alma, como tú habitas en la mía. Estamos el uno adentro del otro.

Cada vez que tú me añores solamente pon tu mano en tu corazón y ahí me tendrás; cada latido que sientas es mi voz que te dice:

—Aquí estoy, tú no estás solo.

CHOCOLATE Y CARAMELO

Cuenta la leyenda que hubo un príncipe de chocolate muy apuesto que regresó a su castillo después de ganar muchas batallas en comarcas lejanas. Muchas cosas habían cambiado desde que él se fue, las casas, la gente, todo lucía diferente para él.

Un día, mientras paseaba por la ciudad escuchó una hermosa música que venía de una pequeña casa, y al acercarse descubrió a través de la ventana a una bailarina de caramelo que danzaba al compás de un adagio. El príncipe se quedó embelesado al verla...y ella se enamoró de él.

Él la conquistó con besitos de chocolate y ella bailó para él con su hermoso traje de tul y flores en su pelo.

Era el inicio del invierno, tiempo propicio para el amor...y así entre chocolate y caramelo, los enamorados construyeron un hermoso castillo donde vivieron su dulce romance.

Fueron muy felices al contemplar juntos la llegada de la primavera, con sus hermosos colores y el canto de las aves.

Y un día, al despertarse, los dos se quedaron sorprendidos al ver que sus cuerpos se iban derritiendo poco a poco. Sí, la llegada del verano los había sorprendido y con terror y sin poder hacer nada, contemplaron con tristeza como su mundo se derretía. Al verse así, entendieron que su historia de amor llegaba a su final. Entonces, tomándose de la mano se besaron, cerraron los ojos y en silencio desaparecieron.

No todos los romances tienen final feliz, pero lo importante aquí es que aunque fuera temporal, Chocolate y Caramelo vivieron una hermosa historia de amor.

El sueño

Érase una vez una mujer que tuvo un sueño. Soñó que caminaba a la orilla del mar y, de pronto, escuchó una voz que la llamaba por su nombre.

—¿Quién me habla? —preguntó.

—Soy yo, el Océano —contestó la voz.

Sorprendida ella regresó sobre sus pasos y vio ante sus ojos como el agua se convertía en hombre, un hombre muy apuesto quien, verla pasar, se enamoró de ella, y que le había pedido al Dios del Amor que lo transformara en hombre, un hombre que la amaría por siempre.

Ante esta revelación, ella se enamoró de él también, y los dos se hicieron uno, bajo el hechizo del amor. Se amaron. Él la hizo su Reina, y ella lo hizo su Rey y juntos construyeron un castillo a la orilla del mar y pasaron muchas noches amándose. Él le hizo una corona con caracolas y corales, y ella bailó para él bajo la luz de la luna.

Eran tan felices que olvidaron la advertencia que el Dios del Amor les hiciera.

El Dios del Amor, proveedor del más divino y poderoso de los sentimientos les dijo:

—No dejes que ella te toque tu alma, no toques la suya, porque de ser así, los dos sufrirán por siempre.

Y sucedió, al unirse sus cuerpos inevitablemente unieron sus almas.

Una noche, mientras contemplaban el danzar de las olas bajo sus pies, el Dios del Amor se les presentó para decirles:

Les advertí que tuvieran cuidado, y que no se tocaran el alma, porque habría consecuencias. Tú, le dijo a él, volverás a ser mar, y a ella: Te convertirás en gaviota...

La mañana llegó, la mujer despertó y recordó con tristeza en su corazón lo soñado. Ella sabía que era un sueño, pero con asombro encontró la corona de caracolas y corales en su cama, junto a ella

¿Fue un sueño?, ¿fue real? Nadie lo sabe.

Lo que si es cierto es que cuando la luna está llena, se ve a aquella mujer bailar con su corona de caracolas y corales a la orilla del mar.

DON DESTINO

¡Don Destino estaba feliz! De todas las palomas de su palomar Orquídea era la más bonita y había ovado. El notó que el huevo era diferente, pero con cariño lo cuidó y al brotar se dio cuenta que esa palomita era distinta a las demás. El sospechaba que, en uno de sus vuelos por el campo, Orquídea había conquistado algún palomo de otro palomar. Pero no importaba, pues la paloma era suya y también el huevo.

Don Destino no se equivocó, al crecer y plumear la pequeña palomita dio muestras de ser diferente en verdad; pronto empezó a revolotear en el nido queriendo volar, y él con cariño y paciencia la cuidaba y la vio crecer y transformarse en una Hermosa Paloma. El sospechaba que su padre debía ser un palomariego, de los que habitaban en un pueblo cercano.

La joven paloma también se sentía diferente a las demás. Todas las familias de su palomar eran tranquilas, y sus críos igual de mansos. Pero ella se sentía diferente. Desde temprano en su vida pensaba en volar por el cielo azul, conocer otros lugares y tenía ideas que a su madre le parecían descabelladas y locas.

Cuando Orquídea escuchaba las historias que su pequeña le hacía, se asustaba pues no sabía cómo lograr que su corazón aventurero se calmara y fuera solo una paloma más. Ya ella le había dicho que no se fuera lejos del palomar, que había aves de rapiña que podían causarle daño. Pero con admiración, orgullo y susto veía a su pequeña hacer piruetas en las ramas de los árboles y volar hasta muy alto en el cielo; y entonces ahí dejar sus alas quietas permitiendo que el viento la llevara a su capricho y casi cuando tocaría el suelo de un porrazo, alzar el vuelo de nuevo; era intrépida, y sabía que existía un mundo más allá del campo, más allá de lo conocido.

Un día Don Destino se percató que Orquídea estaba llorando porque su palomita hija no estaba. Con premura salió al campo en su búsqueda sin poderla encontrar. Pero no se dio por vencido; y al quinto día la encontró en una ladera postrada en el suelo sin poder volar. Con dulzura la llevó al palomar y cuidó de ella con dedicación y esmero. Y aunque no hizo preguntas supo que ella estaba triste. Algo le había sucedido en el campo y para evitar que se fuera de nuevo le cortó las alas. Tratando de apaciguar su dolor discretamente, la puso en un nido junto a un palomo; él era muy tímido pero la cercanía de ella y su dulzura le infundieron valor y la cortejó.

Se fueron conociendo poco a poco. Ella le contaba de los hermosos paisajes que había visitado y él sus historias de cómo abría los candados de algunas jaulas para que sus amigos quienes en algún momento fueron presos pudieran salir y ser libres. Convivieron en ese palomar mucho tiempo, se sentían cómodos y platicaban de todo. Un día ella le propuso al palomo que salieran al campo a volar un rato. Y le habló de su deseo de ir más allá de lo conocido. Sí, con el tiempo a ella le habían crecido las alas de nuevo y estaba lista para salir al mundo. Ya no era una niña, Había crecido y madurado. Ante la proposición de ella, él se quedó sin palabras. Él nunca había salido del palomar y no quería hacerlo tampoco. Él era feliz en su pequeño mundo. Ella lo entendió y sabía que no podía hacerlo cambiar de opinión y respetando su decisión se alejó en silencio con mucha tristeza, pero con determinación de querer saber que había más allá del campo, más allá de lo conocido. Y en una mañana de invierno la vio alejarse hasta desaparecer en el azul del cielo, la amaba, pero no la siguió; la amaba, pero no se lanzó a la aventura de volar tras ella. Don Destino lo consoló explicándole que ella no era mala por haberse ido, ni él era cobarde por haberse quedado. Simplemente tenían naturalezas diferentes.

La sabiduría en las palabras de don Destino le hicieron sentir menos dolor y aprendió a vivir con sus recuerdos y a enfrentar las consecuencias de la decisión que había tomado. Dicen que a veces cuando siente añoranza de aquella paloma mira al cielo, con la esperanza de algún día verla volver.

EL MUELLE Y LA BARCA

Eres el muelle donde amarro mi barca después de
navegar por mares lejanos, la playa que acaricia mis
pies cansados de tanto caminar, la luna que arropa
mi cuerpo frio y débil y son tus ojos estrellas que
iluminan la oscuridad de mi soledad.
Siempre vuelvo a ti.
Sin preguntas ni reproches, en silencio me ves lle-
gar, en silencio me ves dormir, me acaricias toda y
me respiras y llenas tu alma de mí, y cierras los
ojos...y te extasías.
Y en silencio me ves partir de nuevo.
Y el mar es nuestro único testigo, testigo del eterno
romance del muelle y la barca.

DESAMOR

¿Que si respeto a los hombres? ¡Claro que sí!
los ayudo a vestir, los conduzco a la puerta y les
digo: Vaya con Dios

Si lo ves

Sabes, cuando lo conocí era solo una niña, inmadura, impulsiva...y sin entender lo que mi alma estaba sintiendo dejé que él se metiera en ella y me hizo suya; y lo amé con amor de niña y me sentí feliz, ¡muy feliz!

Sabes, aprendí a ver el mundo a través de sus ojos, a oír a través de sus oídos, y respirar a través de su nariz. Y un día, ¡oh fatalidad! Él se fue sin decir nada, se fue como un ladrón, aprovechando la oscuridad de la noche, y al despertar y no verlo lloré y grité buscándole. Y parí soledad y tristeza, me emborraché mil veces de recuerdos y comí muchas veces mi dolor, dolor de no entender sus razones.

Mi alma se quedó a oscuras; se apagaron luces en ella, luces que no encendieron nunca más.

Si al caminar por la vida te lo encontraras, dile, por favor dile que todavía pienso en él...dile, por favor, que a partir de él hubo un antes y después en mi vida. Que lo sigo sintiendo aquí en mi piel, que sigo sintiendo sus caricias y su aliento, dile que, aunque han pasado los años lo sigo añorando, y que sigo creyendo en él, aunque él nunca haya creído en mí.

MI AMIGA SILENTE

Hace unos días limpiando mi casa te apareciste de nuevo. Sentí el peso de tu mirada en mi espalda y al voltear, te vi ahí, sentada en el sofá mirándome con una expresión que no puedo comprender, no sé si de burla, no sé si de compasión, no sé si de amiga o de enemiga, pero estabas ahí.

Y cuando te vi, me pareció que ya te conocía desde siempre; no sé cuánto es siempre, pero sí que has estado al lado mío por mucho tiempo, años quizá...desde niña quizá, pues al mirar hacia atrás me doy cuenta que en los momentos menos pensados te has hecho presente, estando sola o acompañada, para después desaparecer y esconderte detrás de las cortinas.

Me pregunto si eres mi aliada, mi soporte, mi incondicional o eres una tirana, no sé... y tampoco sé si algún día te irás de mi lado para siempre o te esconderás en algún rincón de mi casa para aparecer otra vez cuando menos te espere.

Pero la vida continúa y como tú no me das respuesta a mis preguntas, pues te consideraré mi amiga silente, mi amiga la soledad.

La celestina

Como cada noche nos volvemos a encontrar, yo sentada en el quicio de mi puerta y tú desde tu ventana me saludas. Y es que nuestra amistad es de muchos años. Te he compartido mis historias, me has visto llorar y con tu luz me has consolado. Has sido mi confidente y mi celestina, pues contigo he mandado mensajes a mi amado, quien al igual que yo te contempla por las noches, y tú con ese cariño tan especial por los enamorados, le has dicho lo mucho que lo amo. El destino no quiso unir nuestras vidas, pero la distancia es nada cuando el amor está presente en el corazón.

En esta noche tan bella y tan especial te pido que le des este recado:

Dile que lo amo como el primer día, que estos años solo han amasado mis sentimientos por él, que su sonrisa es mi bandera y su existir alegra mis noches. Que con solo pensarlo mis fuerzas se renuevan, y encuentro en mí las energías para continuar. Sabes...hay personas que me toman por loca, pues les digo que el amor que siento por él es el motor que

mueve mi existencia. ¡Ay! ...ellos no comprenden es-
tas cosas del amor; por eso sonrío y sigo mi camino.

Pero tú, mi amiga luna, sí me entiendes y sabes
que mi sentir es real. Dile pues que le mando un beso
que le llegue al alma, y una caricia que le haga com-
pañía toda la noche; dile que lo quiero, que lo quiero
de la única manera que yo sé querer.

¡Para toda la vida!

Podrido

Y una vez más me encontré pensando en ti, recordando lo que nunca tuvimos, los besos que nunca me diste porque estabas muy ocupado manteniendo la boca cerrada para que los te quiero no se te escaparan; recordando los abrazos que nunca me diste, porque estabas muy ocupado atando tus brazos a tu cuerpo para que no se escaparan y volaran al mío y me cobijaran y me hicieran sentir protegida y querida; recordando tu mirada que siempre permanecía prisionera dentro de tus libros o el periódico o el televisor y que muchas veces sin tu quererlo me seguía cuando salía del baño desnuda insinuándome discretamente buscando que fueras tú el que tomara la iniciativa.

Me desgasté amándote, cuidándote mientras tú, tú te dejabas amar, solamente eso, y me fui apagando poco a poco, la luz que brillaba en mis ojos cuando te veía se volvió obscuridad y tristeza; de a pocos me sequé después de derramar tantas lágrimas por ti, por tu frialdad y tu desapego, por tu desinterés. No podía comprender que después de dar tanto recibiera nada.

Te amé más que a mí misma, ese fue mi error, lo re-
conozco, y hoy después de tanto tiempo una vez más
me encontré pensando en ti.

Lo único que me consuela es saber que todos esos
te quiero y todos los abrazos que nunca me diste se
te pudrieron dentro, y que ahora andas por la vida
buscando a quien besar y abrazar; pero, dime quién
quiere recibir amor podrido... y sé además que todos
los te quiero y todos los abrazos que hoy doy a manos
llenas y me dan a manos llenas, los sientes en tu boca
y en tu piel. Ese es tu peor castigo, que me fui de tu
vida, pero no de tu pensamiento, de tu vista, pero no
de tu alma. Ese es y seguirá siendo tu castigo, que
seguirás toda tu vida pensando en mí.

La Perla

Como cada día, desde hace muchos años, cada tarde ella pasa por aquí rumbo al muelle, con ese caminar tan suyo, con una flor en su pelo y su collar de perlas, va al muelle a recibir los barcos que llegan de la pesca. No habla con nadie, solo mira y cuando los pescadores se han ido, ella se regresa a su casa, cabizbaja, triste, pues él no vino.

Cuentan que un día un barco llegó desde tierras lejanas y ella se enamoró de un apuesto marinero, quien se quedó encantado al verla; romancearon a la luz de la luna y se prometieron no separarse nunca.

Ella era muy joven, casi una niña, y él un hombre adulto; pero la diferencia de edad no fue impedimento para que ella se enamorara de él.

Su romance fue hermoso, contemplaron muchos amaneceres y atardeceres a la orilla del mar.

Un día, él le dijo que debía partir, que su trabajo le requería, pero le prometió abrazándola con ternura:

—Yo voy a regresar, te lo prometo.

Él se había enamorado de ella también.

Ella se puso muy triste y lágrimas rodaron por sus mejillas. El como muestra de su promesa, le regaló un collar de perlas.

Él se fue con la idea de volver y ella lo vio partir con la ilusión de verle regresar.

Al cabo de unos días el puerto recibió la terrible noticia de que el barco donde navegaba el marinero había naufragado y habían muerto todos los tripulantes. La noticia circuló rápido por el puerto, y ella al enterarse sufrió mucho. Sus sollozos hicieron entristecer hasta al mismo mar. Pasado un tiempo ella salió una tarde de su casa hermosamente vestida y luciendo su collar de perlas. La gente murmuró al verla pasar pues en su mirada se percibía algo diferente, la vieron encaminarse al muelle.

Tanto fue el dolor de no ver a su amado nunca más que el sufrimiento le hizo perder la razón.

Y un día ella se fue al mar en su busca, y no regresó nunca más.

EL BURGUÉS Y LA GITANA

En una cálida noche de verano, él leía sin mucho entusiasmo el periódico en el café de la plaza, aburrido hacía tiempo para volver a casa y dormir. Después de dos matrimonios rotos y una hija que no lo quería, se encontraba solo y estancado en la vida; su carácter tan aburrido y tan metódico le impedían empezar ninguna relación; y así, con esa vida tan rancia y su barba sin rasurar se pasaba el tiempo, se pasaba la vida.

De pronto su aburrimiento se vio interrumpido por el sonido alegre de panderos y castañuelas; al ritmo de las guitarras, violines y acordeón hombres y mujeres bailaban por igual acercándose a la plaza con esa algarabía que los caracteriza. ¡Los gitanos estaban en la ciudad!; y como era de esperarse se fueron mezclando entre la gente tratando de, con su música y sus cantos y haciendo acopio de sus habilidades malabaristas, hacerse de algunas monedas. Dispuesto a no participar en aquella fiesta, se levantó de su silla y arrojando algunas monedas en la mesa para pagar por su café, se disponía a partir cuando fue abruptamente obligado a detener sus pasos abruptamente. Frente a él estaba ella, quien, tomando su mano le dijo:

—Veo cosas muy interesantes en tu futuro, ¿quieres saber cuáles son, buen mozo?

Él, aturdido y sin saber qué decir ni qué pensar se quedó mudo, no por lo que ella decía, sino por su hermosura. La sonrisa de ella lo cautivó de un modo inexplicable y asintiendo con la cabeza se dejó llevar por lo que estaba sintiendo, todo su mundo, sus experiencias, su metódica vida, todo lo que sabía hasta ese momento de nada servían para entender lo que estaba experimentando. ¡Nunca se había sentido así! Y no sabía cómo actuar ni sabía que pensar. No pudo hacer nada, solamente se extasió. Ella le dijo:

—Veo un gran amor en tu futuro, alguien llegará a ti que cambiará tu vida para siempre.

Él, tratando de recuperar la cordura, sonrió y contesto:

—El amor no existe.

En sus palabras había mucha tristeza, tristeza que ella percibió inmediatamente y, con curiosidad le preguntó:

—¿Por qué vives tan encerrado en ti mismo? ¡Hay tanta vida para vivir! El amor si existe y espera por ti, pero debes salir a su encuentro.

Él no contestó y sin levantar la mirada se marchó.

Pasados unos días ellos se encontraron de nuevo. Esta vez fue en circunstancias diferentes. Era sábado por la mañana, ella hacía unas compras y fue él quien le salió al paso, mostrando una amplia sonrisa y abriendo los brazos exclamó:

—Tú me dijiste que había mucha vida por vivir y aquí estoy, dispuesto a disfrutarla.

El burgués era un hombre muy apuesto, alto y muy inteligente; había estudiado en la mejor universidad, era hijo de un juez y el segundo de tres hermanos. Pero la inteligencia, las riquezas y el abolengo de nada sirven cuando se carece de amor.

Por su parte ella era muy alegre, zalamera y su risa era como el tañer de campanas en un día de fiesta. Ella era la felicidad hecha persona, nacida y criada entre gitanos sabía bien como llegar al corazón de la gente y como sacarle una sonrisa a cualquiera.

Desde el momento que los dos se vieron surgió una atracción mutua, pero él acostumbrado a su usual modo no se permitió a sí mismo aceptar que la gitana lo cautivo; ella guardó para sí su sentir, pero disfrutó de cada momento que pensaba en él, y sonreía sola, con la ilusión de volverlo a ver aunque fuera de lejos.

A partir de esa mañana se vieron muy seguido; él encontraba el momento para buscarla y ella, siempre hizo tiempo para estar con él. A pesar de que sus mundos eran tan diferentes lograron crear un mundo propio, un mundo solo para ellos dos.

Aprendieron mucho el uno del otro. Si él hablaba de la luna, lo hacía con conocimiento académico, en tanto que ella hablaba de los encantos de la luna, y del poder mágico que tiene en los enamorados. Él le platicaba de política, de geografía, de las grandes obras literarias y ella se quedaba en silencio, contemplando sus labios, que en muchas ocasiones fueron silenciados por los besos que ella le daba. Al principio él no entendía por qué ella hacia eso, pero después disfrutaba de esos sorpresivos encuentros de sus bocas.

Por su parte ella le platicaba de los bellos paisajes que recorría en su caravana junto a los suyos. Las largas noches junto al fuego en donde el patriarca se sentaba a hablarles de la vida. Él disfrutaba de ver la radiante luminosidad de su mirada, el movimiento de sus manos que al moverlas parecían palomas que volaban alegres por todo el salón, de su pelo, que como un potro salvaje amenazaba con soltarse del pañuelo que lo sostenía con tanto afán.

Sus noches de amor eran una fiesta. Ella bailaba desnuda para él y él se quedaba embelesado mirándola. Ella disfrutaba de verlo tan feliz. Hacían el amor con pasión y con ternura a la vez, entre susurros y carcajadas. Ella disfrutaba al contemplar la espalda de él, tan grande y tan llena de pecas, en ocasiones le decía:

—Un día te contaré todas las pecas — y él sonreía. Dormían abrazados y así, abrazados y en silencio dejaban que sus corazones se hablaran de lo que sentían.

El burgués encontró en la gitana todo lo que no sabía que buscaba, sintió por primera vez en lo más profundo de su ser alegría, paz y mucha felicidad. Ella por su parte, acarició la posibilidad de tener un hogar, una vida estable, y de dedicarse en cuerpo y en alma a ese hombre del que se había enamorado.

Pero él no hablaba de sus sentimientos, ella con cierto desespero añoraba alguna señal que le indicara que él quería lo mismo, pero el silencio de él la entristecía pues sabía que, gitanos al fin, debían partir y ella tal vez no lo vería nunca más.

Y así sucedió, esa tarde ellos se vieron y ella en silencio lo abrazó y lloró. Él con temor le preguntó la razón de su tristeza y ella le dijo que era momento de partir. La caravana saldría al amanecer con rumbo desconocido; él se quedó en silencio la besó y la dejó partir. Con dolor ella había comprendido que él le había dado espacio en su cama, pero no en su vida; en su mente, pero no en su corazón.

Pasaron los días; él trató infructuosamente de volver a ser el mismo. Su vida sin ella era vacía, pero era tarde, la había perdido. Él volvió a su mismo café, a su vida rancia y su barba sin rasurar, dejando pasar así el tiempo y la vida.

Ella, recogiendo las piezas de su roto corazón, se refugió en sus recuerdos y tomando su pandero y colocando una flor en su pelo, sonriendo le salió al paso a un hombre y le dijo:

—Veo cosas muy interesantes en tu futuro, ¿quieres saber cuáles son, buen mozo?

CHINGADERAS

EL BESO

Quisiera caminar descalza por tu mente y sentarme desnuda en un sofá de la sala de tu pensamiento, y esperar a que pases por mi lado para regalarte la mejor de mis sonrisas y un largo beso.

SED DE TI

Tengo sed de Ti, mis manos quieren tocar tu piel, tan cálida y suave. Mis labios quieren acariciar tu vientre, antesala del paraíso, mi nariz quiere oler tu existencia, ¡la vida misma!

Mis ojos quieren recorrer tu desnudez y cabalgar en ti. Mis oídos quieren escuchar el latir de tu corazón...quiero recostarme en tu pecho.

Pensar en ti me inquieta, me alborota, ¡me calienta la sangre! Y mi sexo me reclama tu ausencia, me pregunta por ti, grita y llora...y sus lágrimas mojan mi cama. Y no sé qué contestar, solamente callo. ¡Y al no tener respuesta fantasea y transforma mi mano en ti!, y yo, cerrando los ojos, me dejo poseer por tu fuerza y dulzura; y entre gritos silenciosos, quejidos y sudores me haces tuya.

Y después de...ya no hay más preguntas ni reclamos, ni llanto ni sudor, solamente silencio, cansancio, sábanas mojadas y un cuerpo extenuado de tanto amar.

QUISIERA

Quisiera cual amazona galopar desnuda por tu mente y sin arnés correr por el torrente de tus venas hasta llegar al centro de tu corazón y tocar tu alma...y ahí, una vez ahí dejar que mi ser descanse, y que los latidos de tu corazón sean la dulce melodía que arrulle mis sueños y que las estrellas sean la cobija que arrope la desnudez de mi cuerpo cansado; y dormir y que la noche sea testigo de cómo nuestras almas se funden en una sola.

Y que el sol nos encuentre abrazados, más unidos que nunca.

Inocentes

Y llegó el día del juicio, y todos estaban presentes esperando la declaración de la última testigo, la más importante de todas.

Habló con determinación y en su voz había convicción, valor y el deseo de que se hiciera justicia. Era imperdonable que acusaran a la pareja de no amarse.

«Sí, Yo sé lo mucho que se quieren, Yo soy testigo de su gran amor».

Muchas noches participé con ellos mientras lo hacían con tanta intensidad y con esa magia que solo se logra cuando se está enamorado. Y muchas veces vi como sus cuerpos se fundían en un abrazo eterno, y sus bocas se encontraban en un beso tierno cálido y húmedo que anticipaba una noche de amor. Yo vi como él tiernamente le quitaba la blusa, y besaba su cuello, y ella cerrando los ojos se estremecía al sentir el calor de sus labios sobre sus pezones, y con la misma suavidad acariciaba sus muslos bajo la tenue luz de las velas que iluminaban la habitación.

Y Yo, solamente miraba, y ante tanta intensidad gemía y me estremecía al sentir sus cuerpos ardientes, cuando me rozaban dejándome mojada y ellos queriendo que yo me callara, ¡pero no podía! ¡Hubiera querido gritar! y sentía que las piernas me flaqueaban al sentir el movimiento de sus cuerpos acompasados al ritmo de aquella danza del amor.

El encima de ella, con toda su virilidad dispuesto a llenar el espacio que ella tenía preparado para él, ella con sus carnes desnudas y poniendo sus brazos alrededor de él lo atrajo hacia sí y lo dejó entrar en ella, llenándola por completo, llenándola toda.

¡Ah! Que noches aquellas. En la habitación algunas veces hubo otros testigos, pero siempre estuve yo, quien después de disfrutar con ellos sus noches de amor, tiernamente los veía descansar exhaustos y con amor casi maternal los acogía con ternura y los veía dormir abrazados.

Sí, no tengo duda de que ellos se amaban.

Así habló ella, la cama... y confesó también que los otros testigos fueron las flores en el jarrón, las copas de vino tinto y la música suave. La cama habló con tanta sinceridad que no hubo duda y el juez otorgó su veredicto. INOCENTES.

Respeto

En una hermosa tarde de verano me encontré a doña Lupita sentada en la puerta de su casa. Su pelo largo y blanco estaba adornado con una flor y sostenido con una peineta de marfil, y con esa su sonrisa que iluminaba la ciudad entera me saludó y yo, sentándome a su lado le pregunté:

—Lupita, ¿por qué Ud. está siempre tan alegre? ¿Cuál ha sido su fórmula para llegar a la vejez con esa alegría que siempre la ha caracterizado?

Lupita me contestó: Respetar. Calló por un momento y después hablo así:

Respeto el dinero, tan prostituido y tan infeliz, cuando lo veo le doy un poco de cariño y después lo dejo ir.

Respeto a las mujeres, son fuertes y valientes, capaces de todo lo imaginable y lo inimaginable también. Nunca terminarán de sorprenderme.

Respeto a los hombres, el problema es que ellos no se respetan a sí mismos. Nunca entendí ese famoso título de «machistas» que se empeñan en llevar con tanto orgullo, pues al llegar a mi vida, ese título lo tenían que dejar fuera de mi casa y lo que yo hacía con ellos y de ellos, bueno, no te lo puedo contar.

Respeto al amor, quien me visitó una vez, hace ya muchos años, y dejó una huella tan grande en mi vida que nunca hizo falta que regresara. Los que vinieron después en su nombre fueron todos falsos emisarios a quienes envié de vuelta a su destinatario, y a otros los envié más lejos aún.

Respeto la vida, nos llevamos bien y hasta hemos jugado a la ruleta rusa. Nos reímos de nosotras mismás, así nadie se ríe de nosotras, y muchas veces nos hemos tomado un tequila para brindar por el amor, el desamor y otras chingaderas.

Respeto la muerte; ella es mi amiga, pues me ha hecho compañía desde que nací. El día que ella me diga que es tiempo de irnos a ese viaje sin regreso me iré sin sustos y sin tristezas.

Doña Lupita permaneció en silencio y sonriendo con esa sonrisa sin dientes me dijo:

—Vivir a plenitud cada día de la vida me ha permitido llegar a la vejez sin arrepentimientos, remordimientos ni pesares. Respetando, siempre respetando.

MI CREDO

Creo en las alas del pensamiento
Y en la atracción a primera vista
En la picardía detrás de una sonrisa
Y en la certeza de un deseo.

Creo en el roce de unas manos
Y en las caricias que se hacen con los ojos
En la humildad que se esconde detrás del ego
Y en el amor escondido detrás de un
Ya no te quiero.

Creo en los amores a solas
Y en llorar cuando un amor lejano se recuerda
En vivir el presente a todas horas
Y partir primero antes de ser dejada.

Creo en lo que siento
Y en el vacío que dejan ciertos amores
Creo en un te quiero y que me quieres
Sin culpas ni remordimientos.

Creo en la paz después de una pelea
Y en el amor más allá de la muerte
Creo, *créame quien me crea*
Creo en mí y creo en mi suerte.

CUANDO YO NO SEA MÁS

Cuando yo no sea más
Seré el aire que revuelva tu pelo
La flor que tires al mar el primero de enero
El pájaro que cante en tu ventana al amanecer
El desayuno de los domingos
Y tu compañía cuando mires la luna en una noche
estrellada.
Seré el olor de la flor de nardo
El colorido del carnaval
La música de un adagio
Seré el olor a pintura fresca y
La mariposa que revolotee en tu jardín
Seré tu cansancio después de tanto bailar
La cobija que te abrigue cuando descanses en el
viejo sofá
Las nubes que en silencio se deslizan en el cielo
La intención de una oración y
El ultimo pensamiento antes de dormir
Cuando ya no sea más seguiré siendo todo para ti y
tú todo para mí...cuando ya no sea más.

ACERCA DE LA AUTORA

Thelma G. Delgado (Mérida, Yucatán, México, 1967), artista plástica autodidacta, graduada de ballet clásico. De madre mexicana y padre cubano, desde niña siempre tuvo inclinación por el arte y la literatura.

Ha participado en diversas exposiciones y en el 2014 destacó en el International ArtFest de la ciudad de Miami, EE. UU donde reside.

EL ARTE DE THELMA

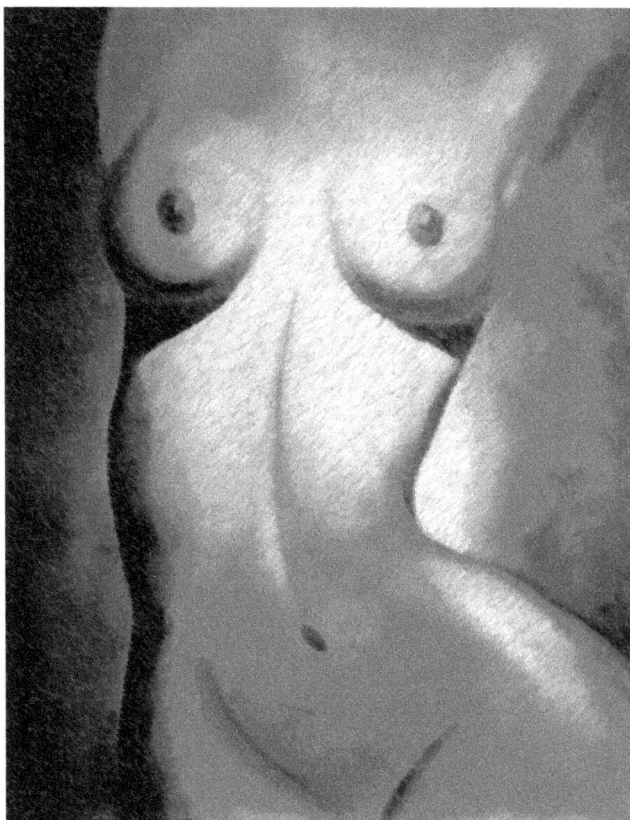

Título: Lola
Óleo sobre Canvas 24" x 30"

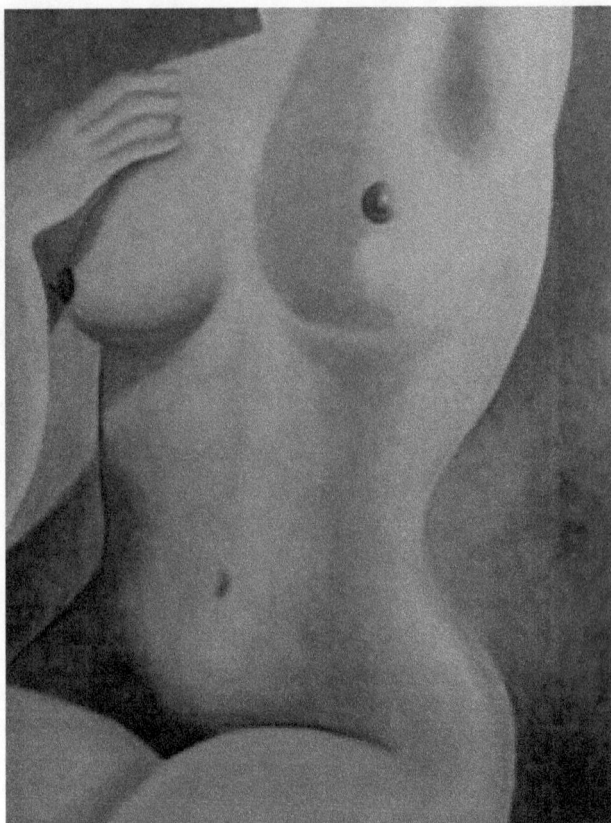

Título: La hermana de Lola
Óleo sobre Canvas 24" x 30"

Título: Female Torso
Óleo sobre Canvas 24" x 36"

Título: Mulata
Óleo sobre Canvas 24" x 36"

Otros Títulos de la Editorial

Serafina Núñez, La verdad amaneciendo

Osmán Avilés

Carlos Ruiz de la Tejera, La fuerza de la vocación

Joan Pablo Fariñas

Los Último Días de Jaime Partagás

Miguel Sabater Reyes

Flores para una Leyenda, Yarini, el rey de San Isidro

Miguel Sabater Reyes

Raíces del Palo Monte en Cuba

Manuel Álvarez Ferrer

Vida y Forma en José Martí

Ángel Callejas

Arsenio Rodríguez, el profeta de la música

Jairo Grijalba